Ich will Wurst

Doris Lecher

Ein Atlantis Kinderbuch im
verlag pro juventute

Die Sonne scheint. Die Vögel pfeifen. Hurra!
Familie Katz macht Picknick beim Grünen Stein:

Elsa, Max, Mama, Papa und Timmy Tigerkind.

Alle helfen mit.

»Die Würste! Wir haben die Würste vergessen!«, ruft Mama Katz.

»Macht nichts. Jetzt gibt's halt Käsebrot-Picknick«, sagt Papa Katz.
»Ich ess kein Käsebrot! Ich will Wurst!«, sagt Timmy.
»Trotzkopf«, sagt Papa.

»Mama, hol mir Wurst!«

»Komm Timmy, Timmykind. Hokuspokus Wurstibus! Ich zaubere dir Wurst«, sagt Mama.
»Ich will keine Zauberwurst! Ich will richtige Wurst!«, sagt Timmy.

»Elsa, hol mir Wurst!«

»Mach's wie ich. Mach Käsewurst!«, sagt Elsa.

»Ich will keine Käsewurst!
Ich will richtige Wurst!«,
sagt Timmy.

»Max, hol mir Wurst!«

Max hat keine Zeit.
Timmy schreit:
»Ich will aber Wurst!«

Und Timmy schreit und Timmy tobt:
»Ich will Wurst!«
Mama tröstet. Papa tröstet.
Max macht Späße. Elsa lacht.

Aber Timmy schreit und Timmy tobt:
»ICH WILL WURST!«
Mama schimpft und Papa knurrt.
Max wird erfinderisch
und Elsa hält sich die Ohren zu.

Aber Timmy schreit und Timmy tobt:
»ICH WILL WURST!«

»Hol dir selber Wurst!«, sagen Mama und Papa.
»Das traut er sich nicht«, sagen Max und Elsa.

»Das trau ich mich doch!«, sagt Timmy.
»Hol gleich auch mehr Nachtisch«, sagt Max.
»Das kann er nicht«, sagt Papa, »wir haben allen mitgenommen.«
»Kann ich alles«, denkt Timmy Tigerkind.

Und Timmy Tigerkind geht los – ganz allein –
durch den Wald... über die Felder... immer geradeaus...

…am Bauernhof vorbei.
»Wo willst du hin?«, fragt Bäuerin Minka.
»Wurst holen«, sagt Timmy.
»Wurst hab ich nicht, aber Sahne«,
sagt Bäuerin Minka.
Timmy geht weiter mit Sahne –
immer geradeaus…

…durch die Straßen bis zur großen Kreuzung. Er wartet brav aufs grüne Männchen. »Gut gemacht, Timmy, junger Mann!«, sagt Polizist Murr. Timmy geht weiter mit Sahne und Bonbons – immer geradeaus…

…über den Gartenzaun… durch das Gemüse.
»Wo willst du hin?«, fragt Tante Flecki.
»Wurst holen«, sagt Timmy.
»Wurst hab ich nicht, aber Erdbeeren«,
sagt Tante Flecki.
Timmy geht weiter mit Sahne und
Bonbons und Erdbeeren – immer
geradeaus…

...bis vor die Haustüre. Der Schlüssel klemmt.
Timmy sagt streng: »Ich will Wurst!«
Er stampft. Da springt die Türe auf.

Timmy holt Wurst…

…füllt die Erdbeeren um…

...schlägt Sahne...

...verziert alles mit Bonbons und vergisst auch die Taschenlampe nicht.

Timmy geht zurück – ganz allein –
immer geradeaus – ...über den Gartenzaun.
Tante Flecki ist nach Hause gegangen.

Er geht durch die Straßen... über die große Kreuzung.
Polizist Murr hat Feierabend.

Timmy geht am Bauernhof vorbei.
Bäuerin Minka schläft schon.

Er rennt über die Felder... durch den Wald...

...bis zum Grünen Stein.

»Timmy, Timmykind! Wir haben so gewartet!«
Mama und Papa freuen sich, dass Timmy wieder da ist.

Max und Elsa freuen sich über den Nachtisch.

Und Timmy freut sich über Mama, Papa, Max und Elsa und über die Wurst und isst sie – ganz allein.

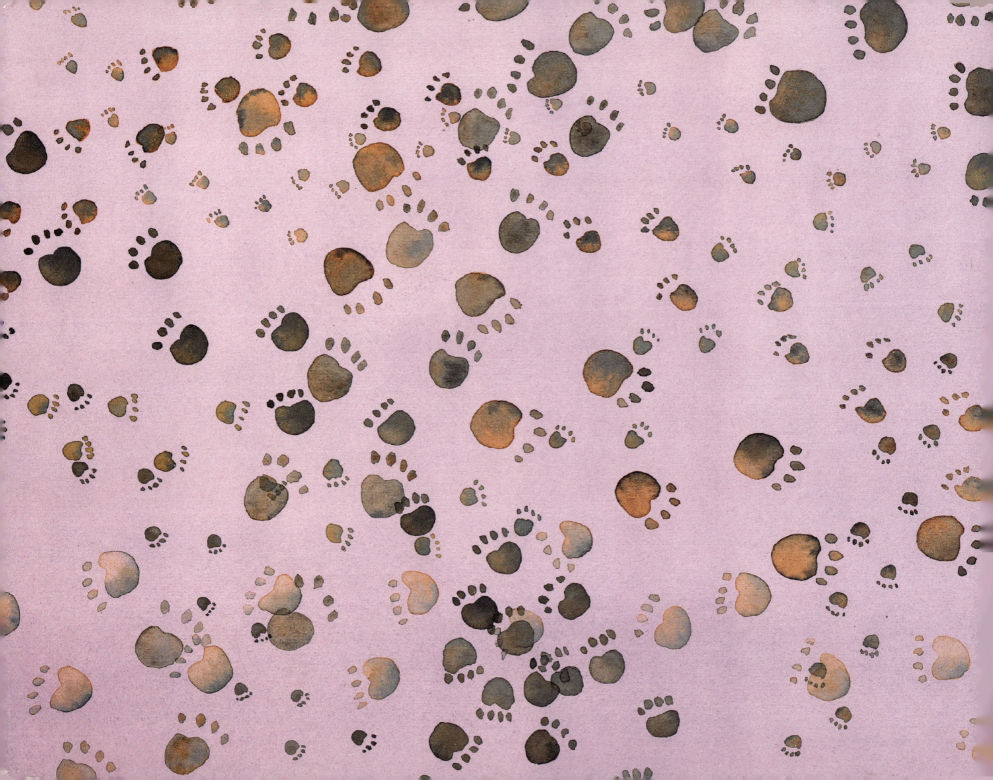